魔法の万能調味料！

玉ねぎ麹レシピ

橋本加名子

河出書房新社

「玉ねぎ麹」で料理を手早く、おいしく！

自他ともに認める発酵マニアの私が数年前からがっちり心をつかまれてしまっているのが、玉ねぎと米麹、塩でつくる「玉ねぎ麹」です。旨味、甘味、香味を持ち合わせた自家製調味料で、「和風コンソメ」といえば、食べたことがない方でも味を想像しやすいかもしれません。

なんでこんなに夢中になったかといえば、使い勝手が抜群にいいからなのです。適当な量を使っても料理の味がしっかりきまるのがすごい！　社会人の娘もひとり暮らしの自炊生活に大活躍させていて、なくなると「玉ねぎ麹、送って！」とリクエストしてくるほどです。

材料は玉ねぎ、米麹、塩といたってシンプル。特別な道具がなくても、炊飯器の保温機能を使えば発酵も簡単です。2～3カ月保存しておけるので、急いで使い切る必要もありません。この本ではたくさんのレシピを通じて、玉ねぎ麹のすばらしさをとことんお伝えしていきたいと思います！

1 適当に使っても味つけがしっかりきまる。

毎日の料理は冷蔵庫にある食材でつくる「名もなき料理」。玉ねぎ麹を使えば、適当につくった料理でも味つけがきまります！　味がぼんやりしているときに加えがちな顆粒コンソメや鶏ガラスープなどに頼らなくなります。

2 時間をかけなくても深みのある味に！

玉ねぎ麹は、時間をかけて発酵させることで、玉ねぎの旨味や甘味をまろやかに引き出した調味料。料理に加えればじっくり煮込んだような深い味わいになるから不思議！　時短効果もうれしい！

玉ねぎ麹、ココがすごい！

3 和・洋・中、どんな料理もおいしく！

玉ねぎは和・洋・中、どんなジャンルの料理でも重宝される野菜だけに、玉ねぎ麹もオールマイティ！　和食ならしょうゆやみそ、洋食ならオリーブオイルやバター、中華ならごま油やオイスターソース……他の調味料と合わせると、おいしさが何倍にもふくらみます。

4 みじん切りの玉ねぎは具材にもなる。

玉ねぎ麹は「長期保存ができる、味がついたみじん切りの玉ねぎ」としても重宝します。たとえばハンバーグなら、炒め玉ねぎのかわりに玉ねぎ麹を。ほかに、スープやパスタ、ピラフなども、玉ねぎを切る手間が省けてラク！

5 麹の力で肉や魚がふっくら、やわらかく！

玉ねぎ麹に含まれる酵素には、たんぱく質を分解する力があります。だから、肉や魚を漬け込んでから調理すれば、ふっくら、やわらか。肉や魚がもともと持っている旨味に加えて、玉ねぎ麹の旨味がしみ込んでおいしさもアップ！

contents

Part 1
まず、最初に つくってほしい “推しレシピ”は この7品

Part 2
玉ねぎ麹の 深い味わいに 感動する“スープ”

Part 3
玉ねぎ麹で “定番メニュー”の 味がピタッときまる!

Part 4

玉ねぎ麹を使えば“肉&魚”がふっくら、やわらか!

Part 5

玉ねぎ麹でつくるとびきりおいしい“ソース&ドレッシング”

Part 6

玉ねぎ麹で簡単!サッとつくれる“副菜&おつまみ”

基本の玉ねぎ麹のつくり方

自家製の玉ねぎ麹づくりは、とっても簡単！
初めてつくる場合でも失敗しないように、
できるだけわかりやすくつくり方をお伝えします。

材料

ここでお伝えする分量でつくると、500g前後の玉ねぎ麹ができあがります。慣れてきたら2倍量に増やしてつくってもかまいません。

用意するのは
たった4つ！

塩 30g

サラサラの精製塩よりも、ミネラルを多く含む自然塩のほうが、まろやかな味の玉ねぎ麹になります。

玉ねぎ 300g（正味）

大きめの玉ねぎ1個の皮をむき、ヘタを落とした正味量がだいたい300g前後です。芽が出ていたり、根が伸びているものは味が落ちるので避けましょう。

乾燥米麹 100g

米麹は主に、「生米麹」と「乾燥米麹」があります。「生」は水分を含み、すでに麹菌が元気に活動している状態の米麹ですが、日持ちしないのが難点。「乾燥」は常温で保存しておけるように乾燥させてあり、日持ちするので、おすすめです。

水 200ml

米麹の麹菌を活発に働かせるために大切なのが水分。玉ねぎに含まれる水分量は、ものによってバラつきがあるため、水を加えて足りない量を補います。

下準備

下準備といっても、面倒なことは一切なし。
玉ねぎのみじん切りと、保存瓶の殺菌の仕方をおさえておきましょう。

●玉ねぎをみじん切りにする

チョッパー

包丁で手切り

このくらい細かくなればOK!

フードプロセッサー

玉ねぎのみじん切りは、チョッパーかフードプロセッサーを使うのが手軽でおすすめ。しかも包丁で切るよりも粗く繊維を断ち切ることで玉ねぎの水分が適度に出て、発酵しやすくなります。チョッパーは1000～2000円程度で購入できます。手切りにする場合は、最後にまな板の上に広げて、トントンときざんで仕上げましょう。細かさは、右の写真（大さじスプーンですくったところ）を参考にしてください。

●保存瓶を殺菌する

玉ねぎ麹ができあがったら、清潔な瓶に入れて保存します。レシピ通りの分量でつくる場合は、500～600ml入る瓶を用意して、どちらかのやり方で殺菌しておきましょう。

煮沸殺菌

耐熱性のないガラス瓶は、いきなり熱湯に浸すと割れる可能性大。水を入れた鍋に瓶と蓋を沈めて火にかけ、沸騰したら5～10分煮沸し、火を止めます。あとは取り出して、自然乾燥させてください。

アルコール殺菌

食品に使用できる殺菌用のアルコール、ホワイトリカーなどを瓶の内側や蓋にふきかけて、自然に乾くまで置きます。アルコールは時間がたつと蒸発し、においは残りません。

発酵

手軽でおすすめなのは、炊飯器の保温機能をいかして発酵させる方法です。
温度管理できる調理家電があれば、それも便利。
時間はかかりますが、室温に置いてゆっくり発酵させることもできます。

●炊飯器でつくる

1 すべての材料を混ぜ合わせる

炊飯器の内釜に、玉ねぎのみじん切り、米麹、塩、水を入れる。全体がまんべんなくなじむように混ぜ合わせる。釜が傷つかないように、シリコンベラなどを使うとよい。

2 炊飯器で保温する

蓋を開けたまま、炊飯器の保温スイッチを押す。米麹の酵素が活発になり、でんぷんをブドウ糖に分解する55～60°Cの温度帯を保つことができる。

3 濡れ布巾をかけ10時間温める

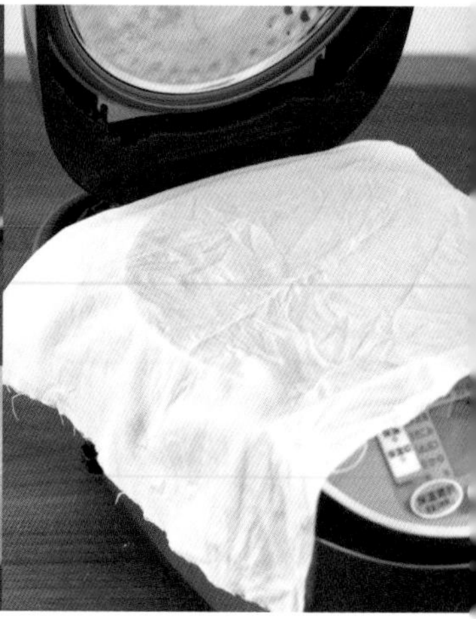

水分の蒸発をできるだけ防ぎ、表面が乾燥しないように、濡れ布巾（さらしなどでもOK）をかけて10時間温める。布巾が乾いたら、また濡らしてかけ直す。

●温度管理できる調理家電でつくる

温度管理できる調理家電があれば、玉ねぎ麹はより簡単につくることができます。ヨーグルトメーカー（写真参照）や、自動調理鍋（シャープ「ホットクック」など）を持っていれば、ぜひ使ってみてください。どちらでつくる場合も、混ぜた材料を容器や内釜に入れたら、温度を60°Cに設定して10時間温めるだけ。途中で2回ほど混ぜるのは炊飯器でつくる場合と同じですが、容器や鍋の蓋を開けて濡れ布巾をかけておく必要はありません。

4 途中で混ぜる 1回目

2〜3時間後に布巾を外し、清潔なヘラで混ぜる。温度を均一にしてムラなく発酵させるためなので、混ぜる回数やタイミングは厳密でなくてもよい。再び濡れ布巾をかけて温める。

5 途中で混ぜる 2回目

5〜6時間後に、もう一度混ぜる。1回目に混ぜたときよりも、水分が多く出ているのがわかる。再び濡れ布巾をかけて温める。

6 できあがり!

味見をして、玉ねぎの青くささが消え、旨味と甘味が感じられたらできあがり。P7のやり方で殺菌した清潔な保存瓶に移し、冷めたら冷蔵庫で保存する。

●室温に置いてつくる

炊飯器や調理家電がない場合、室温でゆっくり発酵させましょう。大きめの保存瓶(容量800ml程度)を殺菌し(P7参照)、材料を入れて混ぜ合わせたら蓋をゆるくしめます(発酵すると開きにくくなるため)。あとは10日〜2週間ほど室温に置くだけ。ただし、清潔なヘラなどで1日1回混ぜて発酵を促してください。味見をして旨味と甘味が感じられたら完成です。ゆっくり発酵させるので、できあがりの色は薄茶色がかっています(写真参照)。

玉ねぎ麹のギモンにお答えします！

玉ねぎ麹のつくり方や発酵、米麹などについての
素朴なギモンをまとめて解決！
ここでは、よく聞かれる質問にお答えします。

Q できあがった玉ねぎ麹はどのくらい日持ちしますか？

A 冷蔵で2〜3カ月を目安に使い切ってください。

玉ねぎ麹は冷蔵保存しておけば、2〜3カ月程度は持ちます。麹菌の働きが雑菌が増えるのを抑えて、腐りにくくしてくれているからです。とはいえ、何度も瓶からスプーンなどですくって取り出すうちに雑菌が入ることがあるので、できるだけ早めに使ってください。

Q 新玉ねぎでもつくれますか？

A つくれます。ただし、水分量を調整してください。

玉ねぎ麹は、新玉ねぎでもつくれますが、普通の玉ねぎよりも水分が多く含まれます。加える水の分量を大さじ1〜2程度減らしてつくってください。

Q 玉ねぎをすりおろすつくり方もありますが、なぜみじん切りにするのですか？

A 玉ねぎを具材としても味わえるからです。

玉ねぎ麹はすりおろしてもつくれますが、みじん切りにしてつくるのが断然おすすめです。なぜなら、玉ねぎが具材の役割も兼ねてくれて、料理の幅が広がるから。この本では「ハンバーグ」(P18)や「チキンピラフ」(P48)、「オムレツ」(P77)など、玉ねぎを具材としていかしたレシピをたくさん紹介しているので、ぜひつくってみてくださいね。

Q 乾燥米麹はどこで買えますか？

A スーパーやネット通販で購入できます。

かつては自家製みその仕込みくらいにしか使われず、お取り寄せするしかなかった米麹。ところが、発酵ブームのおかげで普段から塩麹や甘酒などをつくる人が増え、スーパーでも気軽に買えるようになりました。麹メーカーのオンラインショップやAmazonなどのネット通販サイトでも買えます。

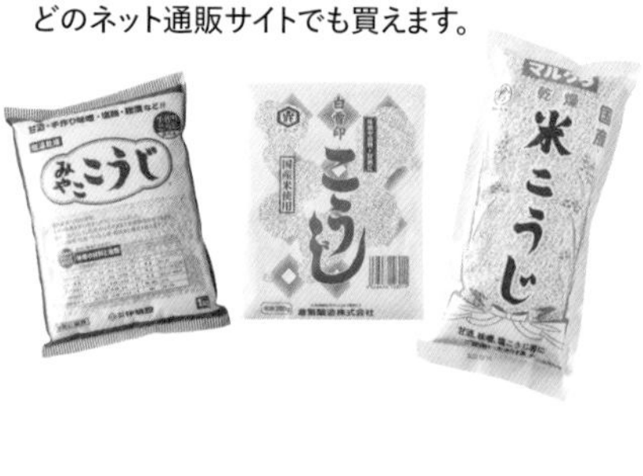

Q
米麹は乾燥タイプではなく、生タイプを使ってもつくれますか？

A
もちろん、生米麹を使ってもOKです！

乾燥米麹は水分がなく、水を加えることで眠っていた麹が活発になります。これに対して、冷蔵で売られている生麹は水分を含み、すでに麹菌が起きて活発に働いています。そのため、乾燥タイプでつくる場合よりも水の分量を大さじ2減らしてください。保存期限が短いので、菌が元気なうちに早めに使い切りましょう。

Q
四角い板状の乾燥麹でも玉ねぎ麹をつくれますか？

A
つくれます。手でほぐしてバラバラにしてから使ってください。

できたての米麹は板状になっています。このまま乾燥させたのが、乾燥タイプの板麹。多くのメーカーでは、使い勝手を考えてこの板麹を一粒ずつバラバラにして販売しています。板麹を使うときは､手でほぐしてから使ってください。また、板麹のほうがバラ麹よりも水分を多く吸収するので、P6の水の分量を大さじ2増やしてつくってください。

このように板状になっている乾燥米麹は、粒をバラバラにほぐして使います。

Q
使う米麹のメーカーによってできあがりの味も変わりますか？

A
風味の違いはありますが、料理に使えば大きな差は感じられません。

7つのメーカーの異なる米麹を使って、同じ条件で玉ねぎ麹をつくり、食べくらべてみたところ、酸味が強いもの、甘味が濃いもの、まろやかな味のものなど、それぞれ味に個性が出ました。また、できあがりの色も、薄いものから濃いものまで、さまざま。ただし、しょうゆやみそがメーカーによって味が異なるのと同じで、料理に使えばそこまで大きな違いは感じません。

異なる7種類の米麹を使い、室温で発酵させた玉ねぎ麹。左から色が薄い順に並べてみたところ、きれいなグラデーションに！

Q

うっかり10時間以上、温めてしまいましたが失敗でしょうか？

A

多少、保温時間が長くなっても、大丈夫です。

「10時間」という時間はあくまでも目安。1時間程度の増減であれば、問題ありません。もし、かなり長時間過ぎてしまった場合は、においを確認してください。嫌なくさみがなければ問題なく使えるので、すぐに冷まして冷蔵保存してください。

Q

変なにおいがしています。失敗ですか？

A

においが悪いと感じられたら腐敗している可能性が高いです。

発酵がうまくいかず、混入した雑菌が増えると、腐敗してしまうことがあります。主な原因は、古い麹を使ってしまったり、水分量が足りない場合などが考えられます。玉ねぎや麹のいい香りではなく、嫌なにおいがしてきたら、食べるのを避けてください。

Q

冷蔵庫に入れておいたのにだんだん茶色くなってきました。食べられないでしょうか？

A

食べられます。冷蔵でも発酵は進み、色が変わります。

たとえ冷蔵保存していても、発酵が完全に止まるわけではないので、色は少しずつ変化していきます。右の写真のように、1カ月ほどでここまで茶色くなります。色は変わっても、においが悪くなっていなければ腐敗していないので、問題なく食べられます。

できたて　　冷蔵で1カ月後

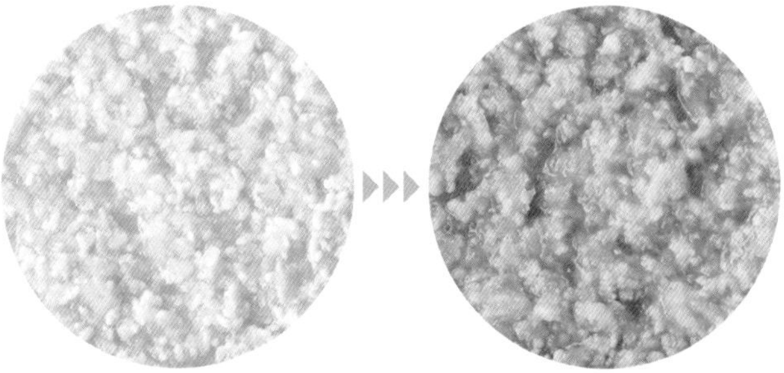

冷蔵保存した玉ねぎ麹。1カ月後には発酵が進んでここまで色が変わり、玉ねぎの角がとれて水分が増え、味もまろやかに。酸味が増える場合もあります。

この本のレシピについて

- ●小さじ1は5ml、大さじ1は15ml、1カップは200mlです。
- ●にんにく1片、生姜1かけは約10gです。
- ●食材の分量は、皮などを除いた正味です。
- ●オリーブオイルは、加熱せずに加えるレシピには
EXバージンオリーブオイルを使っています。
- ●食材を洗う、野菜の皮をむくなどの基本的な下ごしらえの説明は省いています。

Part 1

まず、最初につくってほしい“推しレシピ”はこの7品

玉ねぎ麹を初めて使う人から「どんな料理に使うのがおすすめ?」と聞かれることがよくあります。そんなときにおすすめする“推しレシピ”が、この章で紹介する7品。きっとみなさんがよくつくる料理ばかりだと思いますが、深みのある自然な味わいになり、驚くほどおいしさがアップ！　まずは「こんなに気軽に使えて、おいしいんだ！」と実感してください。

玉ねぎ麹
使いこなし術 1

「玉ねぎ麹大さじ1」は、「しょうゆ小さじ1」とほぼ同じ塩分量だと覚えて！

最初に知っておくと使いやすくなるのが、玉ねぎ麹の塩分量。
つまり、どれくらいのしょっぱさなのかということ。
玉ねぎ麹大さじ１に含まれる塩分は約１g（ひとつまみ程度）です。
これは、しょうゆ小さじ１に含まれる塩分量とほぼ同じ。
これを目安にして、いつもの料理に使ってみてください。
味見をして足していけば、
味つけがしょっぱくなりすぎることはありません。

ごろごろ野菜と鶏手羽元のポトフ

材料（2人分）

鶏手羽元 … 6本
じゃがいも … 2個
にんじん … ¼本
キャベツ … ¼個
玉ねぎ麹 … 大さじ4
ローリエ … 1枚
白こしょう … 適量

つくり方

1 じゃがいもは半分に、にんじんはひと口大に切る。キャベツは2等分のくし形切りにする。

2 鍋に水800ml（分量外）、鶏肉、1のじゃがいもとにんじん、玉ねぎ麹、ローリエを入れて中火にかける。煮立ったらアクを取り除く。

3 キャベツを加え、再び煮立ったら弱火に落として蓋をし、具材に火が通るまで15分ほど煮る。塩味が足りなければ玉ねぎ麹適量（分量外）を加えて、白こしょうで味を調える。

\ Point! /

加える塩分は玉ねぎ麹のみ！　最初から加えて、具材に旨味を浸透させながら煮込みます。

Let's アレンジ

鶏手羽元は鶏手羽先に置き換えてもOK！
水の半量をトマトジュースにして、
トマトスープのポトフにしてもおいしいですよ。

野菜とお肉をコトコト煮込んで出てくる旨味に、
玉ねぎ麹の旨味と塩味をプラス。
スープがびっくりするほど深い味わいに！

ふっくらハンバーグ

材料（2人分）

合いびき肉 … 300g

A
- **玉ねぎ麹 … 大さじ3**
- パン粉（ドライ）… 1/2カップ
- 溶き卵 … 1個分
- ナツメグ、白こしょう … 各少々

B
- トマトケチャップ、ウスターソース … 各大さじ3
- 酒 … 大さじ1

サラダ油 … 大さじ1/2

つくり方

1 合いびき肉、**A**をボウルに入れ、よくねり混ぜる。2等分し、空気を抜くようにしながら楕円形に丸めて、真ん中をややへこませる。

2 フライパンにサラダ油をひいて中火にかけ、**1**を並べて焼く。下の面が薄く色づいたら返し、もう一方の面も同様に焼く。

3 **B**を混ぜ合わせて**2**に入れて蓋をし、弱火にする。途中で返し、4～5分ほど蒸し焼きにして火を通す。器に盛り、フライパンに残ったソースをかける。

\ Point! /

玉ねぎ麹の汁気をパン粉が受け止めて、ちょうどいいかたさのタネに仕上がります。

Let's アレンジ

豚ひき肉や鶏ひき肉などでつくっても。小さく丸めてミートボールにすれば、お弁当にぴったりのおかずに。

手間のかかる炒め玉ねぎのかわりに、玉ねぎ麹が使えます。
いつものハンバーグの旨味が増して、
ふっくら&リッチな味に！

玉ねぎ麹があれば、香味野菜をじっくり煮込んだような複雑な味わいの
ボロネーゼがあっという間！ 玉ねぎを切る手間がないのもラクです。

濃厚ボロネーゼ

材料（2人分）

- 豚ひき肉 … 300g
- にんにく（みじん切り）… 1片分
- トマト水煮（カット）… 1缶（400g）
- **玉ねぎ麹 … 大さじ5**
- ローリエ … 1枚
- オリーブオイル … 大さじ$\frac{1}{2}$
- 黒こしょう … 適量
- ロングパスタ … 160g

つくり方

1. フライパンににんにく、オリーブオイルを入れて中火にかける。香りが立ってきたら、豚肉を入れて炒める。肉の色が変わったら、トマト水煮、水100ml（分量外）、玉ねぎ麹、ローリエを入れる。
2. ひと煮立ちしたら弱火にし、水分がとんでもったりとするまで煮る。塩味が足りなければ玉ねぎ麹適量（分量外）をさらに加えて、黒こしょうで味を調える。
3. パスタを袋の表示時間通りにゆでて、2のボロネーゼソースに加えて和える。器に盛り、さらに黒こしょうをふる。

Let's アレンジ

ソースが多めにできるので、
余ったらご飯にのせて
チーズをかけて焼き、
ドリア風にアレンジしても！

野菜たっぷりラタトゥイユ

くったり煮込んだ野菜に玉ねぎ麹が加わると、より味に深みが出ます。
温かいできたてはもちろん、キリッと冷たく冷やしても楽しめます。

材料（2人分）

- なす … 1本
- ズッキーニ … $\frac{1}{2}$本
- 赤パプリカ … 1個
- トマト水煮（カット） … $\frac{1}{2}$缶（200g）
- A
  - 玉ねぎ麹 … 大さじ2
  - ローリエ … 1枚
  - オレガノ（あれば） … 少々
- オリーブオイル … 大さじ1
- 白こしょう … 適量

つくり方

1. なすとズッキーニは皮を縞目にむいて、1cm厚さの輪切りにする。パプリカは半分に切ってから縦に2cm幅に切り、長さを3等分に切る。
2. 鍋にオリーブオイルをひいて中火にかけ、**1**を軽く炒める。
3. 全体に油がまわったら、トマト水煮、水100ml（分量外）、**A**を入れる。煮立ったら蓋を少しずらしてのせ、弱火で15～20分煮る。塩味が足りなければ玉ねぎ麹適量（分量外）をさらに加えて、白こしょうで味を調える。

Let's アレンジ

パスタソースとしても活躍！
ペンネやフジッリなど、ショートパスタがおすすめ。

鶏の塩から揚げ

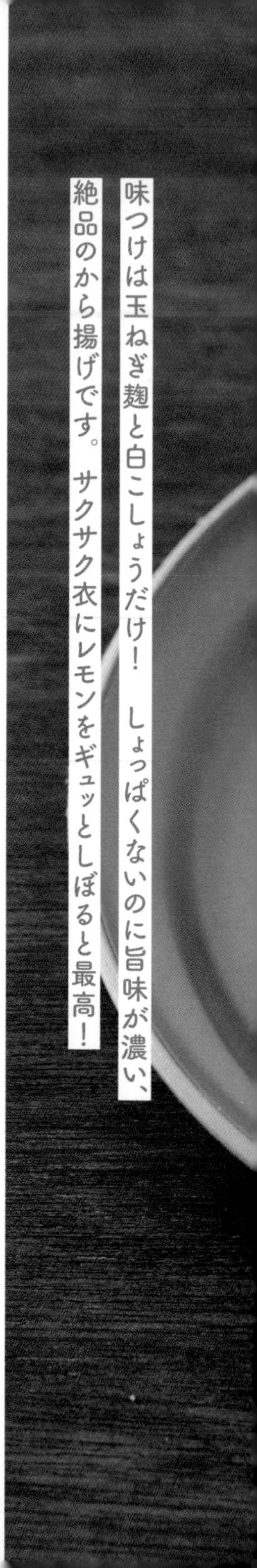

材料（2人分）

鶏もも肉 … 1枚（300g）

玉ねぎ麹 … 大さじ2

白こしょう … 少々

片栗粉 … 大さじ3

揚げ油 … 適量

レモン … 適量（好みで）

つくり方

1. 鶏肉はひと口大に切ってボウルに入れ、玉ねぎ麹、白こしょうをもみ込んで、10分以上おく。
2. 片栗粉をまぶす。
3. 170℃に熱した揚げ油に入れ、ときどき返しながら、4～5分ほど揚げる。器に盛り、レモンを添える。

＼ Point! ／

玉ねぎ麹をもみ込んだら、冷凍しておいても便利。解凍してから片栗粉をつけて揚げてください。

Let's アレンジ

鶏むね肉を使っても。白こしょうのかわりに黒こしょうや七味、カレー粉で味変すれば、レパートリーが広がります！

さっぱりポテトサラダ

材料（つくりやすい分量）

じゃがいも…3個（300g）
きゅうり…$\frac{1}{2}$本
ロースハム…3枚

A
- 玉ねぎ麹 … 大さじ2
- EXバージンオリーブオイル … 大さじ1
- 白こしょう … 少々

つくり方

1 じゃがいもは皮をむいて3cm角程度に切る。かぶるくらいの水とともに鍋に入れて中火にかけ、やわらかくなるまでゆでる。

2 きゅうりは薄い輪切りにして塩少々（分量外）をふり、5分以上おいたら、手でギュッと水気をしぼる。ハムは小さめの短冊切りにする。

3 **1**、**2**をボウルに入れ、**A**を加えて和える。

Let's アレンジ

オリーブオイルをマヨネーズにすれば定番の味に。
レモン汁や粒マスタードをプラスしても。

さっぱりしているのにコクがあるこの味、ポテサラ革命！
玉ねぎ麹とオリーブオイルでじゃがいもを和えるのがポイント。

シンプルな卵のサラダが、玉ねぎ麹でこんなに激変するとは!?
卵の味が引き立って、パンに挟んでもメリハリのあるおいしさに!

極上たまごサンド

材料（2人分）

- ロールパン … 4個
- ゆで卵 … 3個
- A
  - マヨネーズ … 大さじ1
  - **玉ねぎ麹 … 大さじ1**
  - ねりがらし … 小さじ$\frac{1}{2}$
- パセリ（みじん切り）… 少々

つくり方

1. ゆで卵をボウルに入れ、大きめのフォークできざむようにしてつぶす。
2. 1にAを加えて混ぜ合わせる。
3. ロールパンに切り込みを入れ、2を挟み、パセリを飾る。

Let's アレンジ

マヨネーズの量を倍にすればタルタルソースに。
きざんだピクルスを加えても美味!

Part 2

玉ねぎ麹の深い味わいに感動する“スープ”

玉ねぎ麹が最も本領を発揮する料理は、なんといってもスープです！　味のベースとして、顆粒コンソメなどのスープの素ではなく、ぜひ玉ねぎ麹を使ってみてください。玉ねぎの旨味・甘味・香りに麹の旨味も加わって、じっくりコトコト時間をかけて煮込んだような深い味わいになるのです。ごろごろ具材が入ったスープも、なめらかなポタージュも、しっかり味がまとまります。

玉ねぎ麹
使いこなし術 2

スープをつくるときは、「水分400 ～ 500ml」に対して「玉ねぎ麹大さじ3」を目安に。

そもそもスープって、冷蔵庫のあり合わせの具材でつくることが多いですよね。レシピがなくても、適当に具材を煮て、顆粒コンソメのかわりに玉ねぎ麹で味つけするだけで、ものすごく深みのあるおいしいスープになります。

加える量は、水分400 ～ 500mlに対して、玉ねぎ麹大さじ3を目安にしてください。

味見をして薄く感じた場合は、あとからプラスすればOKです。

押し麦入りミネストローネ

材料（2～3人分）

- にんじん … 2/3本（100g）
- じゃがいも … 100g
- セロリ … 1/2本
- キャベツ … 2枚
- ベーコン … 2枚
- 押し麦 … 50g
- A
  - **玉ねぎ麹 … 大さじ4**
  - トマト水煮（カット） … 1/2缶（200g）
  - 水 … 600ml
  - ローリエ … 1枚
- オリーブオイル … 大さじ1
- 白こしょう … 適量

つくり方

1 にんじん、じゃがいもは2cm角に切る。セロリは2cm長さに、キャベツは2cm四方に揃えて切る。ベーコンは1cm幅に切る。

2 鍋にオリーブオイルをひいて中火にかけ、**1**を入れる。全体に油がまわるくらいに、軽く炒める。

3 **2**に**A**を入れ、押し麦を加えて強火にする。沸騰したら弱火にして、浮いてきたアクをすくい、蓋をする。弱火で15～20分、具材に火が通るまで煮る。塩味が足りなければ玉ねぎ麹適量（分量外）を加えて、白こしょうで味を調える。

Let's アレンジ

押し麦のかわりに、ペンネやフジッリなどのショートパスタをゆでて加えても！

プチプチした食感の押し麦と野菜をたっぷり煮込んだミネストローネ。
顆粒コンソメを使わなくても、旨味のあるトマト味のスープに。

忙しい朝でもサッとつくれる、ノンオイルのヘルシーなスープ。
玉ねぎ麹ときのこの旨味で、じっくり煮込んだようなおいしさに。

白菜の豆乳スープ

材料（2人分）

白菜 … 3枚
しめじ（好みのきのこで代用可）
… 1/3パック
玉ねぎ麹 … 大さじ3
水 … 200ml
豆乳 … 200ml
黒こしょう … 適量

Let's アレンジ
豆乳を牛乳に置き換えてもOK！
ベーコンを加えて、
食べごたえを出しても。

つくり方

1 白菜は軸と葉に切り分け、軸は5mm幅に切る。葉はざく切りにする。しめじは石づきを切り落としてほぐす。
2 鍋に1、玉ねぎ麹、水を入れて中火にかける。煮立ったら弱火にして、野菜に火が通るまで煮る。
3 豆乳を加えてゆっくり温め、煮立つ前に火を止める。塩味が足りなければ玉ねぎ麹適量（分量外）を加える。器に盛り、黒こしょうをふる。

即席オニオングラタンスープ

材料（2人分）

- 水 … 400ml
- **玉ねぎ麹 … 大さじ3**
- しょうゆ … 小さじ$\frac{1}{4}$
- バゲット（1.5cm厚さのスライス）… 2枚
- シュレッドチーズ … 適量
- パセリ（みじん切り）… 適量

つくり方

1. 鍋に水、玉ねぎ麹を入れて中火にかける。煮立ったら、しょうゆを加える。
2. バゲットにチーズをのせて、オーブントースターでこんがり焼く。
3. **1**を器に盛り、**2**をのせ、パセリを散らす。

Let's アレンジ

スープに好みのきのこを加えても。
スープの旨味が増して、ボリュームアップ！

簡単コーンポタージュ

玉ねぎに火を通す手間いらず。
材料をミキサーで撹拌すれば、
あとは温めるだけ！
簡単にコンポタができあがります。

材料（2人分）

コーンクリーム（缶）
…2缶（360g）
牛乳 … 300ml
玉ねぎ麹 … 大さじ3
白こしょう … 適量
パセリ（みじん切り）… 適量

つくり方

1 コーンクリーム、牛乳、玉ねぎ麹をミキサーに入れて、なめらかになるまで撹拌する。

2 **1**を鍋に入れて中火にかけ、温まったら白こしょうで味を調える。器に盛り、パセリをふる。

Let's アレンジ
ミキサーがない場合は、
材料をそのまま鍋に入れて温め、
あらごしの仕上げにしても。

にんじんのまろやかポタージュ

材料（2人分）

- にんじん … 1本（150g）
- 水 … 200ml
- 牛乳 … 200ml
- **玉ねぎ麹 … 大さじ3**
- 白こしょう … 適量
- アーモンド（粗くきざむ）… 適量

つくり方

1. にんじんは火が早く通るように薄切りにして鍋に入れ、水を加える。中火にかけ、蓋をする。煮立ったら弱火にし、火が通るまで5分ほど蒸し煮にする。
2. ミキサーに**1**、牛乳、玉ねぎ麹を入れて、なめらかになるまで攪拌する。
3. **2**を鍋に戻し入れて中火にかけ、温まったら白こしょうで味を調える。器に盛り、アーモンドをのせる。

Let's アレンジ

にんじんをじゃがいもにかえてつくっても。
冷蔵庫で冷やせば、ビシソワーズに！

にんじんと玉ねぎ麹の組み合わせは抜群の相性！
まろやかでやさしい野菜の甘味を楽しめるポタージュです。

きのこと玉ねぎ麹の旨味がギュッと凝縮した濃厚な味わい。
いろいろな種類のきのこを混ぜることで、おいしくなります。

ミックスきのこのポタージュ

材料（2人分）

きのこ（しめじ、しいたけ、
えのきたけなど好みのもの）
… 合わせて200g
水 … 200ml
牛乳 … 200ml
玉ねぎ麹 … 大さじ3
白こしょう … 適量

つくり方

1 きのこは石づきを切り落としてほぐし、鍋に入れて水を加えて中火にかける。煮立ったら弱火にし、火が通るまで煮る。

2 ミキサーに**1**、牛乳、玉ねぎ麹を入れて、なめらかになるまで攪拌する。

3 **2**を鍋に入れて中火にかけ、温まったら白こしょうで味を調える。

Let's アレンジ

ご飯を加えれば、ヘルシーで軽やかなリゾットに！
朝ごはんにもぴったりです。

鶏肉から出る旨味と玉ねぎ麹のコク、
このふたつの相乗効果は絶大。
市販のルウを使わなくても、しっかり味がまとまります！

具だくさん
クリームシチュー

材料（2〜3人分）

鶏もも肉 … 2枚
じゃがいも … 2個
にんじん … $\frac{1}{2}$本
ブロッコリー … $\frac{1}{2}$株
玉ねぎ麹 … 大さじ3
水 … 200ml
牛乳 … 200ml
塩、白こしょう … 各少々
薄力粉 … 大さじ3
バター … 20g

つくり方

1 じゃがいも、にんじんはひと口大に切り、ブロッコリーは小房に分ける。

2 鶏肉はひと口大に切り、塩、白こしょうで下味をつけ、薄力粉を残さずまぶしつける。

3 鍋にバターを入れて中火にかけ、**2**の鶏肉を並べて表面が色づくまで焼く。

4 **3**に**1**のじゃがいもとにんじん、水、玉ねぎ麹を加えて蓋をし、根菜に火が通るまで煮る。

5 **1**のブロッコリー、牛乳を加える。ブロッコリーに火が通り、とろみが出たら、白こしょう少々（分量外）で味を調える。

＼ Point! ／

玉ねぎ麹は根菜と一緒に最初から加えて、具材にしっかり旨味を浸透させながら煮込みます。

Let's アレンジ

じゃがいもを里芋や長芋にかえるなど、
好みの野菜でアレンジして。
チーズをのせて焼いてグラタンにしても！

Part 3

玉ねぎ麹で“定番メニュー”の味がピタッときまる！

この章で紹介するレシピは「肉じゃが」「麻婆豆腐」「ナポリタン」などなど、和・洋・中の定番料理。そんなおなじみの料理に、ぜひ玉ねぎ麹を使ってみてください。「玉ねぎ麹がなくても、つくれるんじゃない?」と思うかもしれませんが、しょうゆやみそなど、他の調味料と組み合わせて使う効果は絶大。旨味や甘味、香りが加わり、格段においしくなるのです。

玉ねぎ麹
使いこなし術 ❸

「玉ねぎを使う料理」に「玉ねぎ麹」を使えば具材と味つけをいっぺんに。

「肉じゃが」「親子丼」「ナポリタン」「チキンピラフ」……
この章で紹介するこれらの料理の共通点は何でしょう?
答えは、もともと玉ねぎを使う料理だということ!
玉ねぎをわざわざ切らなくても、具材と味つけを兼ねられる
玉ねぎ麹を加えれば一石二鳥。
手間が省けて、味わいも格段にアップします。
焼売やコロッケなど、玉ねぎが欠かせない他の料理にも
使ってみてください。

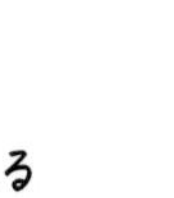

味しみ肉じゃが

材料 （2人分）

牛切り落とし肉 … 200g
じゃがいも … 3個
にんじん … $\frac{1}{4}$本
さやいんげん … 5本
玉ねぎ麹 … 大さじ4
A しょうゆ、酒 … 各大さじ1
A みりん … 大さじ2

つくり方

1 じゃがいもはひと口大に切る。にんじんは小さめの乱切り、さやいんげんは筋を取り、5cm長さの斜め切りにする。

2 鍋に水500ml（分量外）、**1**のじゃがいもとにんじん、玉ねぎ麹を入れて蓋をして、中火にかける。煮立ったら弱火にし、**A**、牛肉を加えて、再び蓋をして煮る。

3 根菜に火が通ったら、**1**のさやいんげんを加えて、火が通るまで煮る。

＼ Point! ／

玉ねぎ麹を最初に加えることで、じゃがいもにしっかり味がしみておいしく煮上がります。

Let's アレンジ

牛肉は豚肉に置き換えてもOK！
バラ薄切りや切り落としがおすすめ。
里芋や長芋でつくってもおいしいです。

玉ねぎ麹を使えば、玉ねぎ＆だしのふたつの役割を兼ねてくれて、
砂糖も加えなくてＯＫ！　じっくり煮込まなくても深い味わいです。

ふわふわ親子丼

材料（1人分）

鶏もも肉 … 1/2枚

A
- **玉ねぎ麹 … 大さじ2**
- みりん … 大さじ1
- しょうゆ … 小さじ1
- 水 … 100ml

溶き卵 … 2個分

温かいご飯 … 茶碗1杯分

三つ葉 … 適量

つくり方

1 鶏肉を小さめのひと口大に切る。

2 **A**を小さめのフライパンに入れて中火にかけ、煮立ったら**1**の鶏肉を入れて煮る。

3 鶏肉に火が通ったら溶き卵をまわし入れ、蓋をする。好みのかたさになるまで50～60秒、火を入れる。

4 ご飯を丼によそい、**3**をのせる。三つ葉を飾る。

\ Point! /

あらかじめ煮汁に玉ねぎ麹を加えて、煮立てます。具材とだしを兼ねてくれて一石二鳥！

Let's アレンジ

鶏もも肉のかわりに、豚バラ薄切り肉でも美味。
鶏の卵と豚肉の組み合わせなので、「他人丼」に！

玉ねぎ麹の旨味と甘味があれば、煮汁にだしも砂糖も入れなくていいんです。
定番の親子丼がもっとおいしく、簡単につくれます！

やさしい麻婆豆腐

材料（2人分）

絹ごし豆腐 … 1丁（300g）
豚ひき肉 … 100g

A
- にんにく（みじん切り）… 1片分
- 生姜（みじん切り）… 1かけ分
- 豆板醤 … 小さじ1
- ごま油 … 大さじ1

B
- **玉ねぎ麹 … 大さじ2**
- みそ … 大さじ1

水溶き片栗粉
　… 片栗粉大さじ2＋水大さじ3
小ねぎ（小口切り）、ラー油、
　花椒 … 各適量

つくり方

1. 豆腐はキッチンペーパーで包んで重しをのせ、10分ほど水切りをしてから、3cm角に切る。
2. フライパンに**A**を入れて中火にかけ、にんにくと生姜の香りが立ったら、豚肉を入れて炒める。
3. 肉の色が変わったら、水200ml（分量外）、**B**を加えて、みそが溶けたら**1**の豆腐を入れる。
4. ひと煮立ちしたら、水溶き片栗粉をまわし入れ、とろみがついたら火を止める。器に盛って小ねぎを散らし、ラー油をかけて花椒をふる。

Let's アレンジ

豆腐のかわりになすを使えば、麻婆なすに。
乱切りにして、豚肉と一緒に炒めてください。

玉ねぎの甘味とみそのコクが
一体となって、ピリ辛なのにやさしい味。
まろやかな豆腐のおいしさもしっかり引き立ててくれます。

炒め物に使えば、具材にしっかり味がからむのが、玉ねぎ麹のよさ。
コクのある味つけに、白いご飯が進むこと間違いなし！

やみつきホイコーロー

材料（2人分）

豚バラ薄切り肉（または
切り落とし）… 150g
キャベツ … 3枚
ピーマン … 2個
にんにく（みじん切り）… 1片分
豆板醤 … 小さじ1
A［玉ねぎ麹 … 大さじ2
みそ…大さじ1
しょうゆ…小さじ1］
サラダ油…大さじ½

つくり方

1 キャベツは大きめのひと口大にちぎる。ピーマンは縦4等分に切ってから、斜め半分に切る。
2 豚肉は4cm長さに切る。
3 フライパンにサラダ油、にんにく、豆板醤を入れて中火にかける。香りが立ってきたら、2の豚肉を炒める。豚肉に火が通ったら、1のキャベツとピーマンを入れて炒め、油がまわったら、Aを加えて炒め合わせる。

Let's アレンジ
ご飯の上にのせて丼にしても。
焼きそばを一緒に炒めれば、
ホイコーロー焼きそばに！

オイスターソースと玉ねぎ麹の相性のよさにびっくり！
あとをひく味つけに、ついついご飯が進みます。

あとひきチンジャオロースー

材料（2人分）

- 牛もも薄切り肉 … 150g
- ピーマン … 2個
- たけのこ（水煮）… 100g
- A
  - **玉ねぎ麹 … 大さじ1**
  - 片栗粉 … 大さじ1
- B
  - サラダ油 … 大さじ1
  - にんにく（みじん切り）… 1片分
- C
  - オイスターソース … 大さじ1
  - **玉ねぎ麹 … 大さじ2**
  - しょうゆ … 小さじ1

つくり方

1. ピーマン、たけのこは細切りにする。
2. 牛肉を細切りにしてボウルに入れ、**A**をもみ込む。
3. フライパンに**B**を入れて中火にかける。香りが立ったら、**2**を入れて炒める。肉の色が変わったら、**1**を加えて炒め合わせる。
4. 全体にしっかり油がまわったら、**C**を加えて味をからめる。

Let's アレンジ

牛もも薄切り肉のかわりに、
お財布にやさしい
豚もも薄切り肉を使ってもOK！

濃厚ナポリタン

材料（2人分）

- ロングパスタ（袋の表示通りにゆでておく）… 160g
- にんじん … 40g
- ピーマン … 1個
- ウインナーソーセージ … 6本
- A
  - 玉ねぎ麹 … 大さじ3
  - トマトケチャップ … 大さじ4
  - しょうゆ … 小さじ2
- オリーブオイル … 大さじ1
- パルメザンチーズ（粉）… 適量

つくり方

1. にんじん、ピーマンは細切りにする。ウインナーソーセージは1cm厚さの斜め切りにする。
2. フライパンにオリーブオイルをひいて中火にかけ、**1**のにんじんを炒める。火が通ったら、ピーマン、ウインナーを加えて炒め合わせる。
3. **2**のフライパンにパスタ、**A**を入れて炒め合わせる。まんべんなく味がからんだら火を止める。器に盛り、パルメザンチーズをふる。

Let's アレンジ

トマトケチャップ＋玉ねぎ麹の組み合わせは、ピザソースにもぴったりです！

ミックスきのこのパスタ

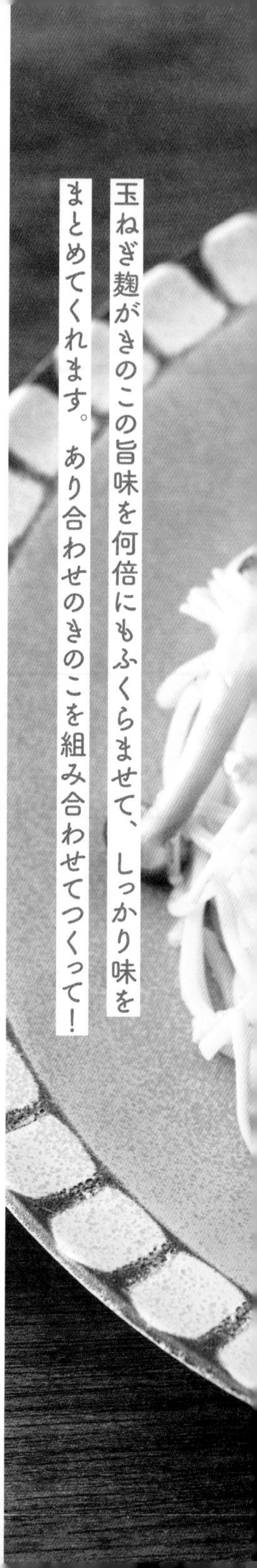

玉ねぎ麹がきのこの旨味を何倍にもふくらませて、しっかり味をまとめてくれます。あり合わせのきのこを組み合わせてつくって！

材料（2人分）

ロングパスタ … 160g
きのこ（しめじ、しいたけ、えのきたけなど
　好みのもの）… 合わせて300g
にんにく（薄切り）… 1片分
赤唐辛子（輪切り、乾燥）… 1本分
オリーブオイル … 大さじ2
白こしょう … 少々
A「玉ねぎ麹 … 大さじ5
　 白ワイン（酒で代用可）… 大さじ2
青じそ（せん切り）… 適量

つくり方

1 きのこは石づきを切り落としてほぐす。

2 パスタを袋の表示通りにゆでる。

3 フライパンにオリーブオイル、にんにく、赤唐辛子を入れて中火にかける。香りが立ったら、1のきのこ、Aを加えて炒める。きのこに火が通ったら、白こしょうで味を調える。

4 2のパスタがゆであがったら、3に加えて和える。器に盛り、青じそをのせる。

\ Point! /

きのこを炒めるときに玉ねぎ麹を投入。玉ねぎ麹の旨味がきのこにもしっかりしみ込みます。

Let's アレンジ

きのこソースはそのままでもおいしいので、お酒のつまみにもおすすめ。バゲットの上にのせても美味！

炊き込みチキンピラフ

材料（2人分）

米 … 2合
鶏もも肉 … ½枚

A
- **玉ねぎ麹 … 大さじ3**
- トマトケチャップ … 大さじ3
- バター … 20g
- 白こしょう … 少々

コーン（缶）… 120g
パセリ（みじん切り）… 適量

つくり方

1 鶏肉は1cm角に切る。

2 米を研ぎ、炊飯器の内釜に入れる。

3 **2**に**1**の鶏肉、**A**を入れ、2合の目盛りまで水（分量外）を加えたら、軽く混ぜて普通に炊飯する。炊き上がったら、コーンの汁気をきって加えて混ぜる。器に盛り、パセリをふる。

＼ Point! ／

炊飯器の内釜に材料を入れたら、調味料が偏らない程度に軽く混ぜておきます。

Let's アレンジ

卵でふんわりくるめば、オムライスもあっという間に。具材も好みで工夫して。お弁当にも重宝しますよ！

材料を混ぜて炊くだけで、まるで炒めたようなピラフのできあがり！
玉ねぎ麹は味つけもできて、具材にもなるから一石二鳥です！

Part 4

玉ねぎ麹を使えば“肉&魚”がふっくら、やわらか！

玉ねぎ麹は、肉や魚をやわらかくする効果があります。それは、麹菌が持っている酵素が、たんぱく質を分解するから。肉や魚にもみ込んだり、漬け込んだりしてから調理すれば、ふっくら、やわらかなおいしさになります。しかも、もともと肉や魚が持っている旨味に玉ねぎ麹の旨味が加わるので、おいしさも倍増！　ひき肉にねり込む場合も、ふっくら感が増します。

玉ねぎ麹
使いこなし術 4

肉や魚に「玉ねぎ麹」で下味をつけて冷凍しておくと便利です。

肉や魚は玉ねぎ麹だけでシンプルに下味をつけて、
ファスナー付き保存袋に入れて冷凍しておくと便利です。
中途半端に余った肉や、1切れだけ余った切り身の魚などがあれば、迷わず下味冷凍を。
肉・魚100〜150gに対し、玉ねぎ麹大さじ1が目安です。
使うときは流水解凍して、
フライパンで焼いたり、野菜と一緒に炒めたり、
片栗粉をまぶして揚げたりと、いろいろな料理に展開できます。

やわらか豚の生姜焼き

材料（2人分）

豚ロース肉（生姜焼き用）… 6枚

A
- **玉ねぎ麹 … 大さじ3**
- 酒、みりん … 各大さじ1
- しょうゆ、生姜（しぼり汁）… 各小さじ1

サラダ油 … 小さじ1

キャベツ（せん切り）… 適量

つくり方

1 豚肉は2、3カ所、筋切りしてボウルに入れ、**A**をしっかりもみ込む。

2 フライパンにサラダ油をひいて中火にかけ、**1**の豚肉の汁気を軽くきって広げながら並べ、両面が色づくまで焼く。

3 最後に、**2**でボウルに残った**A**をすべて加えて、豚肉にしっかりからめる。キャベツとともに器に盛る。

\ Point! /

玉ねぎ麹ベースの合わせ調味料を、豚ロース肉にもみ込んでから焼くことで、ふっくら。

Let's アレンジ

豚こま切れ肉や豚バラ肉など、他の部位でもOK。
ブリやサワラなど、魚を生姜焼きで味わうのもおすすめです。

豚ロース肉が麹の力でよりやわらかく！　玉ねぎ麹の旨味と甘味も
しっかりお肉にからんで、白いご飯と抜群の相性です。

香ばしチキンソテー

材料（2人分）

- 鶏もも肉 … 1枚
- **玉ねぎ麹 … 大さじ3**
- オリーブオイル … 小さじ1
- 黒こしょう … 少々
- ズッキーニ（輪切りにしてソテーしておく）… 適量（好みで）

つくり方

1 鶏肉の皮にフォークを数カ所刺してから、ファスナー付き保存袋に入れ、玉ねぎ麹を入れてもみ込み、冷蔵庫で10分〜ひと晩置く。

2 フライパンにオリーブオイルをひいて中火にかけ、温まったら弱火にして**1**の鶏肉を皮目を下にして入れる。ターナーで皮目をフライパンに押しつけ、ときどき揺すりながら10分ほど焼く。

3 鶏肉の側面が白くなったら、返して4分ほど焼く。食べやすく切って器に盛り、黒こしょうをふる。好みでズッキーニを焼いて添える。

\ Point! /

ファスナー付き保存袋で玉ねぎ麹をもみ込んだら、ひと晩漬けておくとより味がしみてやわらかくなります。冷凍しておいても便利。

Let's アレンジ

とんかつ用の厚切りの豚ロース肉も、同じように玉ねぎ麹に漬け込んで。とびっきりのポークソテーに！

鶏もも肉をまるっと玉ねぎ麹に漬け込んで、あとは焼くだけ。
お肉の味わいがより濃くなって、表面はパリッ、中はふっくら！

フライパン蒸し鶏

材料（つくりやすい分量）

鶏むね肉 … 1枚
玉ねぎ麹 … 大さじ2

《中華ダレ》
玉ねぎ麹 … 大さじ2
しょうゆ … 大さじ1
米酢、ごま油 … 各大さじ1/2

パクチー（きざむ）…適量

Let's アレンジ

薄く切って、野菜と一緒にパンに挟めばサンドイッチに！サラダにトッピングしても。

つくり方

1 鶏肉の両面にフォークを数カ所刺してから、ファスナー付き保存袋に入れ、玉ねぎ麹を入れてもみ込み、冷蔵庫で10分〜ひと晩置く。

2 直径20cm程度のフライパンに水200ml（分量外）、1の鶏肉を袋から出して入れ、蓋をして中火にかける。沸騰したら弱火にし、7分ほど蒸し煮にする。

3 2の鶏肉を返して、さらに5分ほど加熱する。蓋をしたまま、冷ます。

4 《**中華ダレ**》の材料を混ぜ合わせておく。

5 3の鶏肉を取り出し、好みの厚さに切る。器に盛り、4のタレをかけて、パクチーを散らす。

パサつきやすい鶏むね肉も、玉ねぎ麹に漬け込めばしっとり美味！
玉ねぎ麹にしょうゆやごま油などを合わせた、中華ダレをかけて。

肉団子が玉ねぎ麹の力でふっくら！ 玉ねぎの甘味に甘酢あんがよく合います。冷めてもおいしいので、お弁当にも。

甘酢あんかけ肉団子

材料（2人分）

豚ひき肉 … 250g
玉ねぎ麹 … 大さじ2
片栗粉 … 大さじ1
サラダ油 … 大さじ3

A
玉ねぎ麹 … 大さじ2
トマトケチャップ … 大さじ2
米酢 … 大さじ3
しょうゆ … 小さじ1
片栗粉 … 小さじ1
水 … 100ml

Let's アレンジ
ピーマンやにんじんなど、冷蔵庫に中途半端に余っている野菜があれば、きざんで肉ダネに混ぜても。

つくり方

1 ボウルに豚肉、玉ねぎ麹、片栗粉を入れて混ぜ合わせる。10等分して丸める。

2 フライパンにサラダ油をひいて中火にかけ1を並べる。7分ほど転がしながら、多めの油で揚げるように焼く。焼き色がついたらいったん火を止め、フライパンの油をキッチンペーパーで拭き取る。

3 Aをよく混ぜ合わせて、2に入れる。再び中火にかけて、肉団子と一緒に混ぜながら温め、とろみがついたら火を止める。

かたくなりがちな豚肩ロースがこんなにしっとり、しなやかなおいしさ！
玉ねぎ麹みそをのせてサラダ菜で包めば、いくらでも食べられそう。

しっとりゆで豚
玉ねぎ麹みそ添え

材料（つくりやすい分量）

豚肩ロース肉（ブロック）… 400g

玉ねぎ麹 … 大さじ3

生姜（薄切り）… 3枚

酒 … 100ml

《玉ねぎ麹みそ》

玉ねぎ麹 … 大さじ3

みそ … 大さじ3

みりん … 小さじ1

※600Wの電子レンジで10～ 20秒加熱して、煮切っておく。

サラダ菜 … 適量（好みで）

つくり方

1 豚肉をファスナー付き保存袋に入れ、玉ねぎ麹を入れてもみ込み、冷蔵庫で10分～ひと晩置く。ゆでる30分ほど前に冷蔵庫から出して、室温に戻す。

2 厚手の鍋に**1**、生姜、酒を入れ、豚肉が隠れる量の水（分量外）を注ぎ入れる。中火にかけ、沸騰したら弱火にして蓋をし、30分ほどゆでる。火を止めたらそのまま、人肌程度に冷めるまでおく。

3 鍋から豚肉を取り出し、薄切りにして器に盛る。《**玉ねぎ麹みそ**》の材料を混ぜて、添える。豚肉に玉ねぎ麹みそをつけて、サラダ菜で包んで味わう。

\ Point! /

ゆで汁にも豚肉と玉ねぎ麹の旨味がたっぷり。脂を取り除き、さらに玉ねぎ麹を足して味を調え、好みの具材を加えてスープにしても。

Let's アレンジ

P71の梅じそ玉ねぎ麹ダレやコチュジャンダレもよく合います。
チャーシューがわりにラーメンにのせても！

肉厚のサバがさっくり、美味！　玉ねぎ麹はくさみを消して魚の味わいを引き立ててくれます。ぜひ、揚げたてをどうぞ！

さっくりサバの竜田揚げ

材料（2人分）

サバ（三枚おろし）… 1尾分

A
- **玉ねぎ麹 … 大さじ2**
- しょうゆ … 大さじ2

片栗粉 … 大さじ3

揚げ油 … 適量

つくり方

1. サバは骨を抜き、半身を5、6等分に切る。
2. ボウルに入れ、**A**をからめて、10分ほどおいてから、片栗粉をまぶす。
3. 揚げ油を180°Cに熱して、**2**のサバを揚げる。表面がかたくなり、全体が色づいたら取り出す。

Let's アレンジ

下味に花椒や山椒、カレー粉などを加えても！
また違ったおいしさの竜田揚げを楽しめます。

ブリのエスニックスパイス焼き

材料（2人分）

- ブリ … 2切れ
- A
  - **玉ねぎ麹 … 大さじ3**
  - しょうゆ … 小さじ2
  - クミンシード … 小さじ1
- サラダ油 … 小さじ1

つくり方

1 ブリをバットに入れ、全体に**A**をからめて10分ほどおく。味がなじんだら、汁気をきり、玉ねぎ麹の粒を落としておく。

2 フライパンにサラダ油をひいて中火にかけ、ブリを並べて焼く。焼き色がついたら返し、もう一方の面も焼く。**1**で落とした**A**の残りを加えて、ブリにからめて火を止める。

Let's アレンジ

ブリのかわりに、ひと口大に切った鶏もも肉でつくるのもおすすめ。バーベキューにもぴったり！

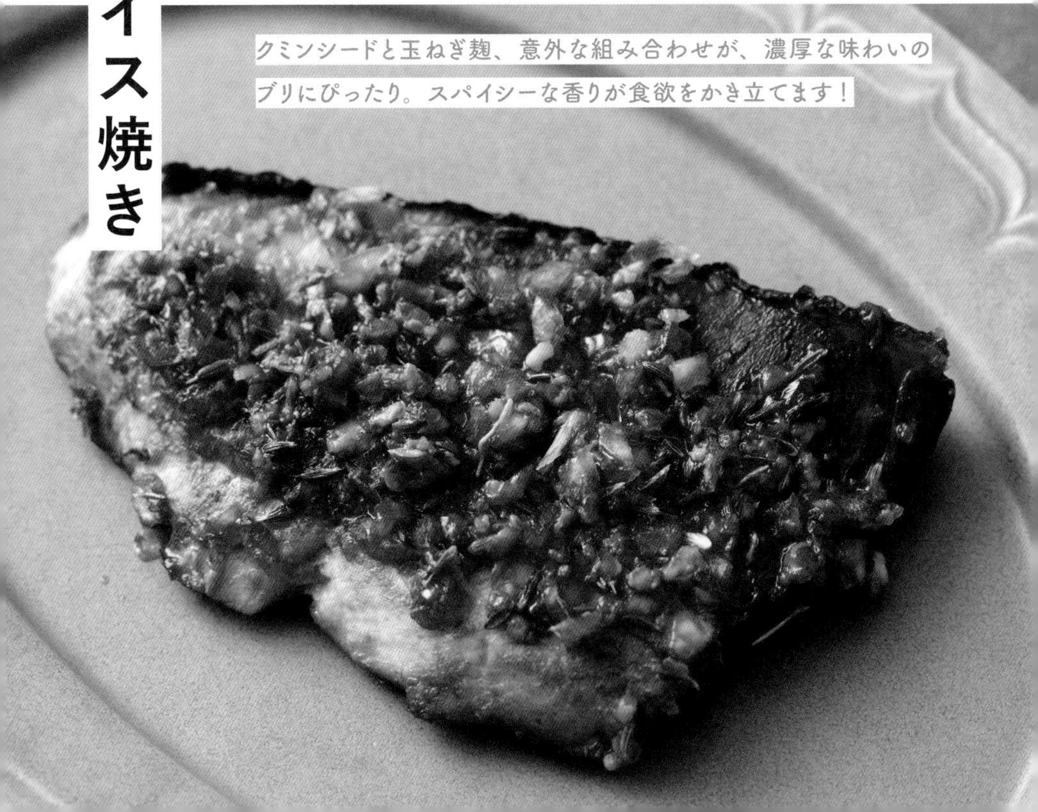

クミンシードと玉ねぎ麹、意外な組み合わせが、濃厚な味わいのブリにぴったり。スパイシーな香りが食欲をかき立てます！

Part 5

玉ねぎ麹でつくる とびきりおいしい “ソース＆ドレッシング”

玉ねぎ麹のいいところは、主張しすぎることなく、だしのように味のベースになってくれるところ。他の調味料との相性がとてもいいので、ソースやドレッシングのバリエーションは無限大！　この章で紹介するのは、焼いた魚にぴったりのソースや、温野菜にぴったりのソース＆ドレッシング、カルパッチョのソース、豚しゃぶのタレ。すべて玉ねぎ麹がベースなのに、まったく違う味わいです。

玉ねぎ麹
使いこなし術 5

「玉ねぎ麹」に
「酸味・香味・油分」を加えれば
ソース＆ドレッシングになります。

玉ねぎ麹をベースにしたソースやドレッシングは、
「酸味・香味・油分」を組み合わせれば簡単においしくつくれます。
たとえば酸味は、米酢やバルサミコ酢、レモン汁など。
香味はハーブや薬味野菜、スパイス類。
油分はオリーブオイルやごま油など、風味がある油がおすすめ。
これに、しょうゆやみそ、ナムプラーなどの
発酵調味料を加えてもOK。
味見しながら、加減してみてください。

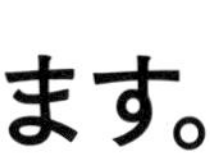

サーモンのソテー

レモンバターソース

レモンのさわやかな酸味をきかせながらも、玉ねぎ麹とバターでまろやか。すっきりしたコクのあるソースが鮭の味わいを引き立てます。

材料（2人分）

鮭 … 2切れ
塩、白こしょう … 各少々
薄力粉 … 適量
サラダ油、または
　オリーブオイル … 大さじ1

《レモンバターソース》
玉ねぎ麹 … 大さじ3
バター … 30g
レモン（しぼり汁）… 大さじ1

つくり方

1 鮭に塩、白こしょうをふり、薄力粉をまぶす。

2 フライパンに油をひいて中火にかけ、鮭を並べる。色づいたら返し、もう一方の面を焼く。

3 鮭に火が通ったら、《**レモンバターソース**》の材料を入れ、鮭にからめて火を止める。器に盛り、レモンの皮（分量外）をすりおろして散らす。好みでゆでたブロッコリー（分量外）を添える。

Let's アレンジ

《レモンバターソース》の材料をそのまま置き換えるだけ！
中華風にも、和風にもアレンジ自在。ひと味違うサーモンのソテーを味わって。

黒酢ソース

材料

玉ねぎ麹 … 大さじ2
黒酢、しょうゆ … 各大さじ1

てりやきソース

材料

玉ねぎ麹 … 大さじ2
しょうゆ、みりん … 各大さじ1

蒸し野菜のサラダ

バーニャカウダ風ソース

おしゃれなバーニャカウダ風ソースも、玉ねぎ麹があれば簡単においしくつくれます。蒸し野菜も、フライパン蒸しにすれば手軽！

材料（2人分）

スナップえんどう … 6本
アスパラガス … 3本
にんじん … ¼本
かぶ … 2個

《**バーニャカウダ風ソース**》
玉ねぎ麹 … 大さじ3
アンチョビ（包丁で細かくたたく）… 25g
牛乳 … 大さじ2
黒こしょう … 適量

つくり方

1 スナップえんどうは筋を取る。アスパラガスは根元のかたい部分を落とし、根元から2〜3cmの皮をピーラーで薄くむき、3等分する。にんじんは5mm厚さの斜め切りにする。かぶは4等分に切る。

2 フライパンに耐熱皿を置き、**1**の野菜をのせる。皿の外側に皿の高さの7分目まで水を入れ、蓋をして中火にかける。沸騰したら弱火にし、5〜10分かけて野菜に火を通す。

3 **2**のスナップえんどうは開き、他の野菜とともに器に盛る。《**バーニャカウダ風ソース**》の材料を混ぜ合わせて添える。

\ Point! /

緑が立ち上がっているタイプの耐熱皿がおすすめ。皿とフライパンの隙間から水を入れて蒸してください。

Let's アレンジ

玉ねぎ麹は蒸し野菜に合うソースやドレッシングの味のベースになります！混ぜるだけでOKです。

ごまドレッシング

材料

玉ねぎ麹 … 大さじ3
白ねりごま … 大さじ1½
EXバージンオリーブオイル
…大さじ1

豆腐マヨネーズ風

材料

絹ごし豆腐（なめらかにつぶす）
… ½丁（150g）
玉ねぎ麹 … 大さじ3
EXバージンオリーブオイル
… 大さじ2
白こしょう … 少々

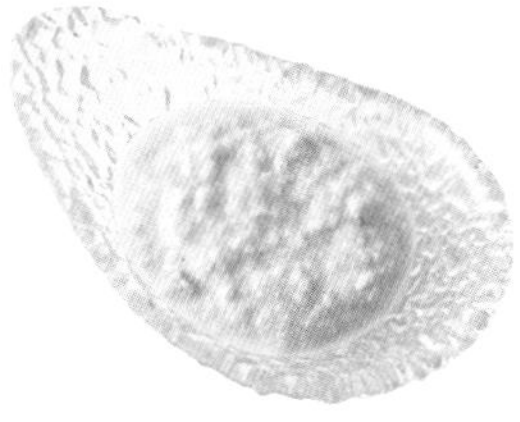

真鯛のカルパッチョ

サルサソース

玉ねぎ麹を使えば、鮮やかなカルパッチョが絶品の仕上がりに。
さっぱりとしたサルサソースに深みが出て、淡白な真鯛の味わいをより引き立てます。

材料（2人分）

真鯛（刺身用）… 1さく（150g）

《サルサソース》

玉ねぎ麹 … 大さじ2

トマト（種を除いて粗みじん切り）

… $\frac{1}{2}$個分（110g）

ピーマン（みじん切り）… 大さじ3

塩 … 小さじ$\frac{1}{3}$

タバスコ … 適量（好みで）

つくり方

1 真鯛は3〜 4mm厚さのそぎ切りにして、器に並べる。

2 **《サルサソース》**の材料を混ぜ合わせ、**1**にかける。

Let's アレンジ

カルパッチョのソースは玉ねぎ麹におまかせ。
香味野菜やオリーブオイルを組み合わせて、アレンジを楽しんで。

パセリソース

材料

玉ねぎ麹 … 大さじ2

パセリ（みじん切り）… 大さじ2

米酢 … 大さじ1

EXバージンオリーブオイル

… 大さじ1

レモンソース

材料

玉ねぎ麹 … 大さじ3

レモン（しぼり汁）… 大さじ2

レモンの皮（すりおろし）… 小さじ1

塩 … 少々

豚しゃぶしゃぶ

梅じそ玉ねぎ麹ダレ

玉ねぎ麹の甘味と梅肉の酸味、青じその香りが抜群の相性！
シンプルにゆでた豚しゃぶにぴったりのおいしさです。

材料（2人分）

豚ロース肉（しゃぶしゃぶ用）
　… 200g
水菜（ざく切り）… 適量（好みで）

《梅じそ玉ねぎ麹ダレ》
玉ねぎ麹 … 大さじ3
ねり梅 … 大さじ1
青じそ（粗みじん切り）… 10枚分
EXバージンオリーブオイル … 大さじ1

つくり方

1 鍋にたっぷりの湯を沸騰させ、酒少々（分量外）を加えて弱火にする。豚肉を2、3枚ずつ鍋に入れ、色が変わったら、すぐに取り出す。

2 器に水菜を盛り、豚肉をのせる。**《梅じそ玉ねぎ麹ダレ》**の材料を混ぜて、かける。

Let's アレンジ

大根おろしやコチュジャンに
玉ねぎ麹を混ぜても、気のきいた豚しゃぶのタレに。
玉ねぎ麹のおいしいタレで、おかずのバリエーションが広がります。

おろし玉ねぎ麹ダレ

材料

玉ねぎ麹 … 大さじ3
大根おろし（軽く水気をきる）
　… 1/2カップ
米酢 … 小さじ1

コチュジャンダレ

材料

玉ねぎ麹 … 大さじ3
コチュジャン … 大さじ2
米酢 … 小さじ2

Part 6

玉ねぎ麹で簡単！サッとつくれる“副菜&おつまみ”

この章で紹介する副菜やおつまみこそ、玉ねぎ麹の使い勝手のよさ、おいしさを実感できるかもしれません。炒め物に、マリネや浅漬けに。ときには薬味にもなってくれるすぐれもの。どのレシピも、思い立ったらすぐにつくれるものばかりなのに、玉ねぎ麹のおかげで奥行きのあるおいしさになります。発酵の旨味がきいているので、お酒にもよく合いますよ！

玉ねぎ麹
使いこなし術 6

野菜を炒めて
「玉ねぎ麹」で味つけ。
シンプルだからこそおいしい。

好きな野菜を炒めて、玉ねぎ麹で味つけ。
それだけで、とっておきの一品ができあがります。
キャベツならザク切りにして油がまわるくらいに炒めて、
玉ねぎ麹をひとさじ。味見をして足りなければ、もうひとさじ。
好みで黒こしょうを加えても。シンプルなキャベツ炒めが、
玉ねぎ麹の旨味や香りでグレードアップ！
葉野菜はもちろん、れんこんやごぼうなどの根菜や、
きのこ類もおすすめです。

小松菜と油揚げの煮びたし

材料（2人分）

小松菜 … 1束
油揚げ … 1枚
生姜（すりおろし）… 1かけ分
A ┌ 玉ねぎ麹 … 大さじ3
　 └ 水 … 100ml
しょうゆ … 小さじ1

つくり方

1 小松菜は5cm長さに切る。油揚げは横半分に切ってから、5mm幅に切る。

2 Aを鍋に入れて中火にかけ、煮立ったら小松菜と油揚げ、生姜を加えて軽く混ぜる。小松菜がしんなりしたらしょうゆを加えて火を止める。

まるでだしが入っているような旨味！

豆苗と白滝の中華炒め

コクのある味つけはお酒にもぴったり

材料（つくりやすい分量）

豆苗 … 1パック
白滝（アク抜き済み）… 1袋（180g）
ごま油 … 小さじ2
A ┌ 玉ねぎ麹 … 大さじ2 ½
　 └ オイスターソース … 大さじ1

つくり方

1 豆苗は根を切り落とし、長さを半分に切る。白滝は食べやすい長さに切る。

2 フライパンにごま油をひいて中火にかけ、白滝を炒める。白滝の水分がとんだら、豆苗、Aを加えてサッと炒めて火を止める。

ご飯にのせてもおいしい
コクのある肉そぼろ！

肉そぼろの厚揚げのせ

材料（2人分）

豚ひき肉 … 150g

A
- 🧅**玉ねぎ麹 … 大さじ3**
- しょうゆ … 小さじ2
- みりん … 大さじ1

厚揚げ … 1枚

小ねぎ（小口切り）… 適量

つくり方

1 フライパンに豚肉、**A**を入れて箸でよく混ぜてから、中火にかける。箸で混ぜ続け、水分がとんでポロポロのそぼろ状になるまで炒る。

2 厚揚げは魚焼きグリルやオーブントースターなどで、表面がカリッとするまで焼く。6等分に切り、器に盛る。1のそぼろをのせ、小ねぎを飾る。

玉ねぎ麹納豆

玉ねぎ麹は
薬味にもなります

材料（2人分）

納豆 … 1パック（40g）

🧅**玉ねぎ麹 … 小さじ2**

ねりがらし（納豆に付いているもの）… 適量

しょうゆ … 少々

つくり方

1 すべての材料を混ぜ合わせる。

じゃがいもの細切り炒め

シャキシャキ食感とあとをひく旨味！

材料（2人分）

じゃがいも … 4個（400g）
赤唐辛子（乾燥、輪切り）… 1本分
サラダ油 … 大さじ1
玉ねぎ麹 … 大さじ3
米酢 … 大さじ1

つくり方

1 じゃがいもは3mm厚さに切ってから細切りにする。軽く流水で洗ってから、たっぷりの水を張ったボウルに入れて10分ほどさらす。でんぷんを落とすようにして、ザルに上げて水気をきる。

2 フライパンにサラダ油をひいて赤唐辛子を入れ、中火にかける。唐辛子の香りが立ったらじゃがいもを入れ、強火にして炒める。

3 じゃがいも全体に油がまわったら玉ねぎ麹を加えて、さらに炒める。火が通ったら、米酢を加えて軽く混ぜ、器に盛る。

キリッと冷やすと味がしみしみに！

蒸しなすの玉ねぎ麹マリネ

材料（2人分）

なす … 3本
青じそ（せん切り）… 適量
A **玉ねぎ麹 … 大さじ2**
A 米酢、EXバージンオリーブオイル … 各大さじ1
A 塩 … 少々

つくり方

1 なすはヘタを切り落とし、15カ所ほど竹串で刺す。流水にくぐらせてから、1本ずつラップで包む。電子レンジ（600W）で3分加熱し、包んだまま冷めるまでおく。

2 ラップから取り出して縦6等分に切り、バットに並べる。**A**をよく混ぜ合わせて、なすにからめる。器に盛り、青じそを飾る。

きゅうりの玉ねぎ麹漬け

キャベツやかぶを
漬けても美味！

材料 (つくりやすい分量)

きゅうり … 1本
玉ねぎ麹 … 大さじ2

つくり方

1 きゅうりを5mm厚さの斜め切りにする。
2 ポリ袋にきゅうりと玉ねぎ麹を入れてもみ込み、冷蔵庫で1時間〜ひと晩置く。

玉ねぎとベーコンのオムレツ

玉ねぎ麹のおかげで
ふわとろのおいしさ！

材料 (1人分)

卵 … 2個
ベーコン(5mm幅に切る) … 2枚分
玉ねぎ麹 … 大さじ2
サラダ油 … 小さじ2
トマトケチャップ、
　パセリ(みじん切り) … 各適量

つくり方

1 ボウルに卵、ベーコン、玉ねぎ麹を入れて、よく混ぜ合わせる。
2 フライパンにサラダ油をひいて中火にかけ、1を流し入れる。菜箸で大きく混ぜて半熟状にしたら、半月に形を整えながら焼く。
3 器に盛りトマトケチャップをかけ、パセリを散らす。

3種の彩りナムル

材料（つくりやすい分量）

《ほうれん草のナムル》

ほうれん草 … 1束

A
- 玉ねぎ麹 … 大さじ2
- 米酢、ごま油 … 各大さじ1
- しょうゆ … 少々

《豆もやしのナムル》

豆もやし … 1袋

B
- 玉ねぎ麹 … 大さじ3
- 米酢、ごま油 … 各大さじ1
- しょうゆ … 少々

《にんじんのナムル》

にんじん … 1本（150g）

C
- 玉ねぎ麹 … 大さじ3
- しょうゆ … 小さじ1½
- ごま油 … 大さじ1

つくり方

《ほうれん草のナムル》

1 沸騰した湯に塩少々（分量外）を加え、ほうれん草をゆでる。水にとって色止めしたら、水気をしっかりしぼる。

2 ボウルに**A**を混ぜ合わせておく。ほうれん草を5cm長さに切って入れ、和える。

《豆もやしのナムル》

1 沸騰した湯で豆もやしをサッとゆでてザルに上げ、しっかり水気をきる。

2 ボウルに**B**を混ぜ合わせておき、豆もやしを入れて和える。

《にんじんのナムル》

1 にんじんを5cm長さのせん切りにする。沸騰した湯でサッとゆでてザルに上げ、しっかり水気をきる。

2 ボウルに**C**を混ぜ合わせておき、にんじんを入れて和える。

クリームチーズ オニオンディップ

サワークリーム
オニオンみたいな味に！

材料（つくりやすい分量）

クリームチーズ … 100g
ツナ … 1缶（70g）
玉ねぎ麹 … 大さじ2
黒こしょう … 少々
バゲット（スライス）… 適量

つくり方

1 クリームチーズは冷蔵庫から出し、室温に戻しておく。ツナは軽く油をきる。

2 **1**の材料と玉ねぎ麹をよく混ぜ合わせて器に盛り、黒こしょうをふる。バゲットを添えて、ディップをのせて食べる。

大豆のフムス風ディップ

材料（2人分）

大豆水煮（ドライパック、
　またはゆでたもの）… 200g
A「**玉ねぎ麹 … 大さじ2**
　 └ 白ねりごま … 小さじ1
EXバージンオリーブオイル … 適量
チリパウダー … 適量
クラッカー … 適量

つくり方

1 大豆水煮、**A**をフードプロセッサーでなめらかになるまで攪拌する。

2 器に盛り、オリーブオイルをまわしかけ、チリパウダーをふる。クラッカーを添えて、ディップをのせて食べる。

ワインと一緒に
味わうのがおすすめ

橋本 加名子 Kanako Hashimoto

料理研究家、栄養士、フードコーディネーター、国際薬膳調理師。海外留学、海外商社勤務時代にタイ、ベトナム、ラオス、広東料理など、帰国後は懐石料理を学ぶ。世界各国の食文化を豊かにしている発酵食に魅了されて以来、飽くなき探究が続いている。現在は、料理教室「おいしいスプーン」で発酵食の奥深さを教えるかたわら、飲食店のプロデュースなども手掛ける。雑誌や書籍、ウェブサイト等では、働きながら子育てをした経験をいかし、「体にやさしくて、つくりやすい家庭料理」を提案している。『ホットクックお助けレシピ』シリーズ（河出書房新社）、『たんぱく質の10分おかず』（ART NEXT）等、著書多数。

「おいしいスプーン」 https://oishi-spoon.com/

Staff

デザイン　釜内由紀江
　　　　　五十嵐奈央子（GRiD）
撮影　伊藤菜々子
調理アシスタント　中村さえこ
編集　大沼聡子

本書の内容に関するお問い合わせは、お手紙かメール（jitsuyou@kawade.co.jp）にて承ります。恐縮ですが、お電話でのお問い合わせはご遠慮くださいますようお願いいたします。

魔法の万能調味料！
玉ねぎ麹レシピ

2023年7月20日　初版印刷
2023年7月30日　初版発行

著　者　橋本加名子
発行者　小野寺優
発行所　株式会社河出書房新社
〒151-0051
東京都渋谷区千駄ヶ谷2-32-2
電話　03-3404-1201（営業）
　　　03-3404-8611（編集）
https://www.kawade.co.jp/
印刷・製本　三松堂株式会社

Printed in Japan
ISBN978-4-309-29319-6